어린이 수수께끼 나라

차 례

어린이 수수께끼 나라

음 식

- 갓은 갓인데 쓰지 못하는 갓은?

- 아이스크림에는 있는데 얼음에는 없는 것은?

- 눈만 있으면 새끼를 칠 수 있는 것은?

- 약방에서 빠질 수 없는 것은?

- 계란 판 돈을 영어로 무엇이라고 하나?

- 미련한 여자를 두 글자로 줄이면?

- 뜨거운 동굴 속에 들어 갔다 나오면 몇 배로 살찌는 것은?

쑥갓   크림   감자   감초   에그머니   미녀   강냉이

간다고 해 놓고선 가지 않는 것은?

가장 학력이 좋은 물고기는?

늙으면 늙을수록 정열적으로 변하는 것은?

늙으면 머리 숙여 절하는 것은?

골뱅이가 무에게 먼저 시비를 걸면?

아이 추워의 반대말은?

가지 고등어 고추 곡식의 이삭   골뱅이무침 어른 더워

🐛마른 나뭇가지에 열매가 주렁주렁 열린 것은?

🐛자랄수록 탐스럽고 몸이 좋아지는 것은?

🐛자는 자인데 잴 수 없는 자는?

🐛나뭇꾼과 철문을 지나서 더운 물과 찬물로 몸을 씻는 것은?

🐛들어갈 때는 한 입으로 들어가고 나올 때는 여러 입

으로 나오는 것은?

🐛굴은 굴어자만 들어가지 못하는 굴은?

곳감   과일   과자   국수   국수   굴(먹는)

거꾸로 서면 비굴해지는 생선은?

막 보면 보름달, 쪼개 보면 반달, 먹고 보면 그믐달인 것은?

떡인데 상하지도 않고 자기가 지니고 있는데도 먹지 못하는 것은?

검은 종이처럼 생겼지만 먹을 수 있는 것은?

김밥이 죽으면?

발가벗고 부엌에서 몽둥이 맞는 것은?

굴비　굴　그림의 떡　김　김밥천국　깐마늘

발가벗고 동굴 속으로 들어가는 것은?

가장 맛있게 먹는 떡은?

차는 차인데 바퀴가 없는 차는?

도둑이 가장 싫어하는 아이스크림은?

도둑이 싫어하는 과자는?

사왔으면서 못 사왔다고 하는 것은?

껌   꿀떡   녹차   누가바   누네띠네   못

🐞 아이스크림이 죽으면?

🐞 고체를 깨면 액체, 그 액체에 열을 가하면 또 고체
로 변하는 것은?

🐞 몸뚱이 하나에 커다란 입 하나 있다고 자랑하는 것은?

🐞 말도 못하고 듣지도 못하는데 무엇이든 가르쳐 주는 것?

🐞 늙으면 늙을수록 더 사람들에게 인기가 있는 것은?

🐞 떡으로 끓이는 국은?

🐞 보름달 안에 반달이

여러 개 있는 것은?

다이하드   달걀   도넛   책   늙은 호박   떡국   귤

🔍아빠가 두 명 있고 엄마가 한 명 있는 걸 네 글자로 줄이면?

🔍말과 행동이 다른 사람이 즐겨 먹는 밥은?

🔍딸기가 회사에서 짤렸다를 네 글자로?

🔍작은 방에서 쌍둥이 형제가 살고 있는 것은?

🔍삶으면 삶을수록 굳어지는 것은?

🔍가운데에 큰 구멍이 났는데도 물에 가라앉지 않는 것은?

두부 한 모   따로 국밥   딸기 시럽   땅콩   계란   튜브

젊어서는 파란 옷을 입고 늙어서는 빨간 옷을 입는 것은?

텅 비어야 배부르고 꽉 차면 배고픈 것은?

피는 피인데 헌혈을 못하는 피는?

인정도 없고, 눈물도 없는 몹쓸 아비는?

눈으로 보는 것
이 아니라 입으
로 보는 것은?

먹지 않으면 볼
수 없는 것은?

대추　도시락　만두피　허수아비　맛　맛

🐞 빨간 얼굴에 검은 주근깨 투성이인 것은?

🐞 떡으로 끓이는 국은?

🐞 끓는 물에 목욕하고 찬물에 들어갔다가 침대에 눕는 것은?

🐞 녹색 치마를 입고 땅 밑에 털이 난 흰 얼굴을 숨기고 있는 것은?

🐞 허수아비의 아들은?

🐞 비는 비인데 먹을 수 있는 비는?

먹어도 배 부르고 안 먹어도 배부른 것은?

꽃도 안 피고 열매를 맺는 것은?

발 중에서 가장 못생긴 발은?

오리가 깔고 앉는 방석은?

콩나물이 먹는 밥은?

바나나가 웃으면 무엇일까?

항아리   무화과   묵사발   물   물   바나나킥

🐷돼지가 열받으면 어떻게 될까?

🐷나무를 주면 살고 물을 주면 죽는 것은?

🐷따끔이 속에 빠질이, 빠질이 속에 털털이, 털털이 속에 얌냠이가 있는 것은?

🐷가죽 속에 털 난 것은?

🐷죽이다의 반대말은?

🐷들어갈 때는 무겁고 나올 때는 가벼운 것은?

바비큐   장작불   밤   밤송이   밥이다   밥상

18

작은 것은 잘 보는데 큰 것은 잘 보지 못하는 것은?

맞을수록 고와지는 것은?

기둥 끝에 지붕 하나인 것은?

누구에게나 옷 벗으라고 명령하는 것은?

머리 풀고 화장하고 항아리에 들어가는 것은?

물고기의 반대말은?

현미경   방아떡   버섯   버섯   배추   불고기

익을수록 고개를 숙이는 것은?

귀는 귀인데 못 듣는 귀는?

과일은 과일인데 뼈가 있는 과일은?

둘이 손잡고 불 속으로 뛰어드는 것은

싸움한 사람에게 필요한 과일은?

새우와 고래가 싸웠는데 새우가 이겼다. 왜일까?

갓은 갓인데 쓰지 못하는 것은?

벼 뼈다귀 복숭아 부젓가락 사과 새우깡 고래밥 쑥갓

잘 못했을 때 먹는 과일은?

강은 강인데 사람이 먹는 강은?

웃으면 이빨이 쏟아지는 것은?

너희가 소녀시대 맞아? 를 세 글자로 하면?

피를 뽑아야 더 잘 자라는 것은?

항상 눈을 부릅뜨고 이를 므러내고 땅에 버티고 서

있는 것은?

사과   생강   석류   소시지   벼   천하대장군

하루만 지나도 헌 것이 되는 것은?

초록색 집에 빨간 방을 꾸며 놓고 까만 아이들이 모여 사는 것은?

사람이 흔히 먹는 제비는?

주소를 거꾸로 하면?

먹을수록 먹은 것에 잡혀 먹히는 것은?

부잣집에서 버리는 50가지 밥은?

초는 초인데 불을 밝힐 수 없는 초는?

신문   수박   수제비   소주   술   쉰밥   식초

🐟박은 박인데 바가지를 못 만드는 박은?

🐟날지 못하는 제비는?

🐟입은 비스듬 하고 그 속에 살덩이가 있는 것은?

🐟해 보고 우는 것은?

🐟노처녀가 가장 좋아하는 아이스크림은?

🐟먹고 성내고

울고 웃고

하는 것은?

🐟물에서 태어

났으면서도

물에 빠지면

죽는 것은?

수박   수제비   소라   얼음   쌍쌍바   술   소금

23

말 많은 사람들이 입으로 만든 떡은?

옷을 벗기면 벗길수록 눈물이 나는 것은?

팔은 팔인데 소리를 내는 팔은?

나이를 먹을수록 살찌는 것은?

오이가 무를 때렸다. 다음 날 신문에 어떤 기사가 났을까?

옷을 벗으면 몸이 이빨 투성이인 것은?

눈으로 보지 않고 입으로 보는 것은?

쑥떡   양파   나팔   열매   오이무침   옥수수   음식의 맛

🐟총은 총인데 쏠 수 없는 총은?

🐟사자는 왜 생고기를 먹을까?

🐟언제나 위로 흘러가는 물은?

🐟먹지 않으면 볼 수 없는 것은?

🐟전주비빔밥와 반댓말은?

🐟흙 속에 사는 아기는?

🐟세 사람만 탈 수 있는 차는?

말총　　　　요리를 못해서　　　　음식물　　　음식의 맛
이번 주 비빔밥　　　　인삼　　　인삼차

25

🐡단단한 돌집 속에 살면서 큰 입 하나만 가지고 사는 것은?

🐡소금을 죽이면?

🐡온몸에 구멍이 나서 슬픈 노래만 부르는 것은

🐡끓여서 뜨거운 데도 차다고 하는 것은?

🐡젊어서는 파란 옷을 입는데,

　옷을 벗으면 하얀 것은?

🐡푸른 집에 살다가 집이

　노랗게 되면 발가벗고

　튀어 나오는 것은?

🐡두 개의 머리가 몸 하

　나에 달려 있는 것은?

조개　죽염　퉁소　차(茶)　참외　콩　콩나물

개는 개인데 물 밑에 사는 개는?

소는 소인데 날로 먹는 소는?

뜨거운 데도 먹으면서 추운 음식이라고 하는 음식은?

물만 먹고도 쑥쑥 자라는 것은?

피는 피인데 어른들이 즐겨 마시는 피는?

노랗고 둥그런 자는?

발이 두 개 달린 소는?

음머~
너 왜 발이 두개니?

조개   채소   추어(추워)탕   콩나물   커피   탱자   이발소

앞으로부터 읽어도, 뒤로부터 읽어도 이름이 똑같은 채소는?

흰머리, 흰 얼굴에 초록 치마를 입고 있는 것은?

사과가 파이면?

자루는 자루인데 아무 것도 담을 수 없는 자루는?

동그란 아이들이 옹기종기 모여 거꾸러 매달려 있는 것은?

녹색주머니에 은 돈을 넣고 있는 것은?

사과가 웃으면?

토마토　배추　파인애플　빗자루　포도　풋고추　풋사과

한국이 배출한 세계 최초의 여성 장군은?

처음에는 원 모양이었다가 부채꼴 모양으로 변하는 것은?

채소 중에 가장 수줍어 하는 채소는?

뚱근 뼈 속에 살이 들어 있고 나무에 매달려 자라는 것은?

차 는 차 인 데 타 지 못 하 는 차는?

먹지 않고 뱉는 약은?

지하여장군   피자   홍당무   호두   홍차   치약

가까이 있으면서도 서로 못 보는 것은?

발은 발인데 머리에 붙어 있는 발은?

방은 방인데 사람이 들어갈 수 없는 방은?

낮에 보아도 밤인 것은?

벌리면 한 가닥, 오므리면 한 가닥인 것은?

우리가 보면 자기도 보는 것은?

눈   가발   가방   먹는 밤   가위   거울

주기에 받아서 내 이름까지 써 놓았더니 다시 뺏어 가는 것은?

닦으면 닦을수록 더러워지는 것은?

까만색을 칠해야 깨끗해 지는 것은?

위로 올라가기도 하고, 내려가기도 하는데 움직이지 않는 것은?

물은 물인데 아주 오래된 물은?

늘 때리면 때리는 대로 맞고 사는 것은?

시험지　걸레　검정구두　계단　고물　공

🐟 위에서는 제 얼굴을 만지고 밑에서는 그네 타는 것은?

🐟 빛으로 만들어졌는데도 어두운 것은?

🐟 아무리 빨리 달려도 절대로 앞차를 따라잡지 못하는 차는?

🐟 세상에서 가장 깨끗한 소는?

🐟 속이 빌수록 더욱 더 요란한 소리를 내는 것은?

🐟 밑에는 불, 가운데는 물, 위에는 안개인 것은?

괘종시계　그림자　기차의 객차　청소　깡통　끓는 주전자

한 번도 빛을 쬔 적이 없는 것은?

살아 있을 때는 움직이지 않고, 죽어야 움직이는 것은?

위에서 아래로 내려올 수만 있는 산은?

중학생과 고등학생이 타는 차는?

얼굴을 붉히면 붉힐수록 사람들이 좋아하는 것은?

폭풍우보다 더 무서운 비는?

사시사철 언제나 겨울인 것은?

난 중학생

안돼 저버스는 중고등학생들이 타는거야

나도 타고 싶어요

엉엉

그림자   나무   낙하산   중고차   난로   낭비   냉장고

🐧 펭귄이 다니는 고등학교는?

🐧 떨리는 사람의 가슴의 무게는?

🐧 감기는 하지만 풀지 못하는 것은?

🐧 먹지 않고도 달다고 하는 것은?

🐧 구멍 속으로 부지런히 얼굴을 들이 밀었다 나갔다 하는 것은?

🐧 아무리 많이 모아도 결국에는 버리는 것은?

🐧 굴은 굴인데 못 먹는 굴은?

> 무하는 거니?

> 많이 모았었는데..

냉장고 네 근(두근두근) 수수께끼 단잠 단추 쓰레기 동굴

작지만 세상을 다 담을 수 있는 것은?

부자가 되면 죽는 것은?

산보고 절하는 것은?

보는 사람마다 다르게 보이는 것은?

손도 발도 없

는데 온 세상

을 다 돌아다

니는 것은?

총은 총인데 쏠 수 없는 총은?

머리로 먹고 옆구리로 토하는 것은?

눈　　　돼지 저금통　　　디딜방아
거울　　　말(언어)　　　말총　　　맷돌

감은 감인데 어른보다 어린이가 더 좋아하는 감은?

가지도 없이 잘 자라는 것은?

빵은 빵인데 먹지 않고 걸치고 다니는 것은?

사람들이 모자를 벗어야 모자를 쓰는 것은?

미국 사람 중에서 자전거를 가장 못타는 사람의 이름은?

우리나라에서 감이 가장 많이 나는 곳은?

나갈 때나 들어올 때나 등에 지는 것은?

장난감 머리털 멜빵 모자걸이 모타 싸이클 목욕탕 문

🐟땅바닥보다 조금 높게 있는 바닥은?

🐟밥 먹기 전에 세수하고, 밥 먹은 후에 또 세수하는 것은?

🐟깊은 골짜기에서 피리 부는 것은?

🐟턴이라는 아이가 침대를 밀었다를 4글자로 줄이면?

🐟아무리 쓰려고 해도 내게 맞지 않는 탈은?

🐟개를 싫어하는 사람도 자기 전에 꼭 타는 개는?

발바닥   밥상   방귀   배드민턴   배탈   베개

발은 발인데 머리에 붙어 있는 발은?

집집마다 있는데 짜고 달고 쓰는 것은?

구멍이 크면 잘 안 나오고 작으면 잘 나오는 것은?

다리로 올라가서 엉덩이로 내려오는 것은?

커피잔의 손잡이가 있는 쪽은 어디?

귀 하나만 가지고 일하는 것은?

두 다리를 가지고 있으면서도 걷지 못하는 것은?

가발   문   물총   미끄럼틀   바깥쪽   바늘   바지

🐟사왔다고 하면서도 못 사온 것은?

🐟먹을수록 하얗게 되는 것은?

🐟사자를 넣고 끓인 국은?

🐟흰옷을 입고 끓는 기름 속으로 다이빙했다가 나오는 것은?

🐟잎 끝에 꽃이 피는 것은?

🐟늙으면 발가벗고 집을 뛰쳐나오는 것은?

못   머리카락   동물의 왕국   튀김   파   콩

매일 눈, 코, 입을 손가락으로 찔리며 사는 것은?

바람이 불면 가만이 있다가 바람이 멈추면 흔들리는 것은?

맨날 얻어 맞고 비틀리고 눈물만 흘리는 것은?

다리 두 개에 갈비뼈만 앙상한 것은?

오래된 것일수록 젊거나 어려 보이는 것은?

하늘에 별이 없을 때 뭐라고 말할까?

볼링공   부채   빨래   사다리   사진   별볼일 없다

하얀 개와 검은 개가 만나면 싸우는 것은?

공부해서 남 주는 사람은?

비는 비인데 도리어 불을 일으키는 비는?

미끄럼 타고 번개치는 것은?

시간이 지나면서 눈덩이처럼 커지는 것은?

다섯 형제가 톱 하나씩 들고 있는 것은?

슬픔을 모두 받아주는 것은?

바둑   선생님   성냥개비   성냥   소문   손가락   손수건

네모난 방에 아기스님들이 머리를 가지런히 하고 누워 있는 것은?

궁둥이만 태우고 밥 얻어 먹지 못하는 것은?

등 위에 배꼽 달린 것은?

당신이 마를수록 젖는 것은?

고개 숙이고 눈물 흘리는 것은?

잉어와 메기에게는 있는데 붕어에게는 없는 것은?

가장 멋 없는 춤은?

성냥 손 솥뚜껑 수건 수도꼭지 수염 엉거주춤

🐟빵은 빵인데 먹지 않고 걸치고 다니는 빵은?

🐟사람이 일생동안 가장 많이 하는 소리는?

🐟하루만 지나도 헌 것이 되는 것은?

🐟신은 인간을 창조했다. 그러면 신을 창조하는 곳은?

🐟낮에는 사람의 발을 물고, 밤에는 크게 입을 벌리
고 하품하는 것은?

🐟아무리 많이 모아
도 결국에는 버리
는 것은?

🐟가난해도 부자,
넉넉해도 부자라
고 불리는 것은?

멜빵 숨소리 신문 신발공장 신발 쓰레기 아버지와 아들

건망증이 심한 사람들이 올라가는 산은?

바로 눈앞을 막았는데도 잘 보이는 것은?

일하기 전에는 검은 색인데 일을 끝내면 하얗게 되는 것은?

일을 하면 할수록 키가 작아지는 것은?

더우면 키가 커지고, 추우면 키가 작아지는 것은?

물고기가 살 수 없는 강은?

무는 무인데 늘었다 줄었다 하는 무는?

아차산   안경   연탄   연필   온도계   요강   고무

눈 좋은 사람에겐 안 보이고, 눈 나쁜 사람에겐 잘 보이는 것은?

걸치면 움직이고, 벗어 놓으면 움직이지 못하는 것은?

어떤 옷을 입혀 주거나 불평하지 않고 입고 있는 것은?

옛날엔 사람들이 많이 타던 강인데 요즘엔 더 이상

볼 수 없는 강은?

사각형의 동생은?

고슴도치가 동굴

속에 들어가 목욕

하는 것은?

비가 오면 뚱뚱해지

고 비가 그치면 홀

쭉해지는 것은?

안경   옷   옷걸이   요강   사각   양치질   우산

동화는 동화인데 읽지 못하는 동화는?

불은 불이라도 켜지 못하는 불은?

여름에는 나지 않고, 겨울에만 나는 것은?

다 자랐는데도 계속 자라라고 하는 것은?

사람이 있을 때는 필요 없고 사람이 없을 때만 필요한 것은?

언제나 말다툼이 있는 곳은?

밟을수록 많아나는 것은?"

운동화 이불 입김 자라 자물쇠 경마장 자전거

자기가 하고도 무슨 말을 했는지 통 알 수 없는 것은?

최대 90명까지 탈 수 있는 잠수함이 68명이 타니까 가라앉았다. 이유는?

뼈도 살도 피도 없는 손가락은?

타면 탈수록 점점 없어지는 것은?

사람들이 가장 가길 싫어하는 길은?

사자 중에서도 가장 무서운 사자는?

빨간 얼굴에 검은 주근깨 투성이인 것은?

잠꼬대   잠수함은 원래 가라 앉으므로   장갑
장작   저승길   저승사자   딸기

🐾 내려가면 올라가는 것은?

🐾 높은 곳에서 손을 잡고 죽을 때까지 줄다리기만 하고 있는 것은?

🐾 입과 귀가 한 곳에 붙어 있는 것은?

🐾 먹기 전에는 한 개였는데, 먹고 나면 두 개가 되는 것은?

🐾 아무리 늘어나도 체중은 그대로인 살은?

🐾 보내기 싫은 사람은 어떻게 하나?

🐾 궁둥이에 불을 때면 화가 나서 푹푹 입김을 뿜어 내는 것은?

시소 전봇대 전화 젓가락 주름살 가위나 주먹 주전자

48

🐟 아무리 끊고 또 끊어도 절대로 짧아지지 않는 것은?

🐟 걸어가는 사람보다 앞서 가며 길 위에 도장을 찍는 것은?

🐟 늦어도 빨라도 항상 기다려 주는 것은?

🐟 아기도 아닌데 등에 업혀 학교에 가는 것은?

🐟 낮에는 낮아지고 밤에는 높아지는 것은?

🐟 먹으면 먹을수록 늘어나는 것은?

🐟 아무리 빨리 돌아도 한자리에서 도는 것은?

전화   지팡이   집   책가방   천장   주름살   물에방아

🐛나오면 다시 들어가기 어려운 것은?

🐛아래는 하얗고 위는 빨간데, 눈물을 줄줄 흘리는 것은?

🐛나가면 다시 돌아오지 못하는 것은?

🐛이 세상을 못쓰게 만들고 있는 것은?

🐛움직이는 집은?

🐛떼어놓아도 항상 붙어 있는 것은?

🐛남대문을 영어로 말하면?

집이 움직이잖아?

치약   촛불   총알   충치   가마   젓가락   지퍼

이상한 사람들만 가는 곳은?

먹지 않고 뱉는 약은?

닦으면 닦을수록 까맣게 되는 것은?

스님들이 전혀 걱정할 필요가 없는 병은?

이해하면 절구 찧는 것은?

온갖 것을 알려 주고, 즐겁게 해 주면서도 바보 소리를 듣는 것은?

가운데에 큰 구멍이 났는데도 물에 가라앉지 않는 것은?

치과 치약 칠판 탈모증 턱 텔레비전 튜브

알도 아닌데 알이라고 하는 것은?

사냥 도구 중에 가장 값이 싼 것은?

치고 때려야만 살아남는 것은?

배가 부를수록 하늘로 날아가려고 하는 것은?

인정도 없고 눈물도 없는 몹쓸 아비는?

동생이 형을 정말 좋아하면?

아프지도 않은데 집에서 매일 쓰는 약 이름은?

밥알 파리채 팽이 풍선 허수아비 형광펜 치약

직 업

위에서는 쓰이는 일이 없고 밑에서만 사용하는 것은?

개조심이라는 표시를 제일 좋아하는 사람은?

돈을 벌려면 여기저기 불려다니며 불러야 하는 사람은?

아프지 말라고 하면서 엉덩이를 때리는 사람은?

누가 뭐래도 정 말로 우습게 이 름난 사람은?

가장 알찬 장사는?

책받침   개도둑   가수   간호사   개그맨   계란장사

🐟사업상 목욕을 할 수 없는 사람은?

🐟말을 빠르게 하기 위해서 온갖 노력을 다하는 사람은?

🐟어떤 차가 200km 속도로 달렸다. 그 운전자가 몇 시간 후에 간 곳은?

🐟병든 자여 모두 나에게 오라고 외치는 사람은?

🐟비행기 안의 화장실을 다섯 자로 말하면?

🐟손님이 없을수록 좋은 곳은?

🐟아홉 명의 자식을 세 자로 줄이면?

거지   경마기수   경찰서   고물장수
공중화장실   교도소   아이구

54

🐟 헌병을 잡아가는 사람은?

🐟 하루종일 네거리에서 춤을 추는 사람은?

🐟 매일 남의 구두를 내려다 보는 사람은?

🐟 바가지를 쓰고 있는 사람은?

🐟 주먹을 쓰면 쓸수록 돈을 버는 사람은?

🐟 속상한 사람이 많을수록 돈을 버는 사람은?

🐟 산에서 야~하고 소리 지르는 여자는?

고물장수	교통경찰	구두닦이	군인
권투선수	내과 의사	야한 여자	

만두 장수가 가장 싫어하는 말은?

남의 목을 조여야 돈을 버는 사람은?

새 발의 피 때문에 피를 본 사람은?

돈을 벌기 위해 비비꼬는 사람은?

언제나 땅땅거리며 사는 사람은?

길가에서 죽은 사람을 무엇이라 하는가?

비는 비인데 사람을 홀리는 비는?

| 속터진다 | 넥타이장사 | 놀부 |
| 꽈배기장사 | 대장장이 | 도사 | 도깨비 |

밤에만 몰래 다니는 손님은?

도둑이 제일 하기 어려운 일은?

자기는 도시락을 싸들고 다녀도 남이 도시락 싸들

고 다니면 말리는 사람은?

남의 이름을 거꾸로만 쓰는 사람은?

가장 무거운 아이는?

사기꾼 중에서 얼렁뚱땅을 좋아하는 사기꾼은?

도둑　　　도둑질　　　도시락장사　　　도장 파는 사람
돌아이　　　　땅사기꾼

🐞때때로 힘이 들고 고달파도, 때로 돈을 버는 사람은?

🐞놀면서 돈 버는 사람은?

🐞미국 사람 중에서 자전거를 가장 못타는 사람의 이름은?

🐞쪽 팔려야 사는 사람은?

🐞모범생이란?

🐞돈을 빌려고 못 쓰는 일만 찾아다니는 사람은?

🐞벌거벗어야만 들어갈 수 있는 곳은?

때밀이   레크레이션강사   모타싸이클
마늘장수   모든 게 평범한 학생   목수   목욕탕

58

🐟 나무로 밥을 만드는 사람은?

🐟 남의 뒤를 밀어 주는 일에 항상 자신감을 갖고 있는 사람은?

🐟 우리나라에서 김이 제일 많이 나는 곳은?

🐟 타고 있는 데도 화상을 입지 않는 사람은?

🐟 공주는 공주인데 사람 대접 못받는 공주는?

🐟 사람의 목덜미에 칼을 대야만 돈을 버는 사람은?

🐟 공은 공인데 가지고 놀 수 없는 공은?

목수   때밀이   사우나탕   말 탄 사람
인어공주   면도사   뱃사공

🐞 아무리 만원 버스라도 항상 앉아서 가는 사람은?

🐞 법적으로 바가지 요금을 받아도 되는 사람은?

🐞 갓 태어난 병아리가 먹는 약은?

🐞 배울 것은 다 배웠는데 여전히 배우라는 소리를 듣는 사람은?

🐞 늘 먼저 타고 나중에 내리는 사람은?

🐞 권투 선수가 세계 챔피언이 되겠다고 하면서 하는 다짐은?

🐞 콩은 콩인데 못 먹는 콩은?

버스 운전사　　바가지 장사　　삐약　배우　　뱃사공
주먹다짐　　베트콩

60

공은 공인데 물 위로만 돌아다니는 공은?

돈은 돈인데 결혼을 해야만 생기는 돈은?

두 장에다 두 장을 더하면?

눈 깜박할 사이에 돈을 버는 사람은?

변호사, 검사, 판사 중에서 누가 제일 큰 모자를 쓸까?

법이 없어야 사

는 사람은?

여자 없이는 못

사는 사람은?

뱃사공 사돈 사장 사진사 머리큰사람
사형수 산부인과 의사

🐑한국 최초 그룹 다이빙에 성공한 팀은?

🐑오는 등산객이 별로 없어도 늘 많다고 하는 산은?

🐑돈이 많은 사람을 거부라고 한다. 그렇다면 말이 많은 사람은?

🐑깨끗한 친구를 사귀려면 어디로 가야하나?

🐑착각했기에 돈을 버는 사람은?

🐑감은 감인데 쳐다보기 어려운 감은?

🐑씨암탉의 천적은?

여기에 몇 명 탈수 있어요?

글쎄?

삼천궁녀   마니산   마부   목욕탕   사진사   상감   사위

62

새치기를 잘하면 돈을 버는 사람은?

어부들이 싫어하는 연예인은?

비행 소녀를 영어로 말하면?

소금 장수가 좋아하는 사람은?

처녀들에게 시집을 구해주는 사람은?

숙제를 안 해 와 도 혼나지 않는 사람은?

못생긴 여자를 특히 좋아하는 남자는?

새장수   배철수   스튜어디스   싱거운 사람
서점주인   선생님   성형외과 의사

한국 최초의 다이빙 선수는?

아무리 추운 겨울이라도 등 따뜻하고 배부른 사람은?

씨는 씨인데 심어도 싹이 나지 않고 심을 수도 없는 것은?

주머니는 주머니인데 돈을 못 넣는 주머니는?

남의 등을 쳐서 돈을 버는 사람은?

기적을 가장 많이 일으킨 사람은?

공을 차려다 신발이 날아간 아이는?

이런~!

심청이   아기를 업은 임산부   아저씨   아주머니
안마사   역도 선수   신나는 아이

불을 끄지 않고는 도저히 잠을 이룰 수 없는 사람은?

언제나 남의 눈만 들여다보면서 사는 사람은?

때리고 훔치는 데도 칭찬받는 사람은?

병 주고 약 주는 사람은?

돈을 벌기 위해서는 자꾸 망쳐야 하는 사람은?

언제나 무게 잡는 것을 중요하게 생각하는 사람은?

낫 놓고 기역자도 모르는 사람은?

소방관   안과의사   야구선수   약사   어부
역도 선수   한국어를 모르는 사람

🦟 병든 자여 다 내게로 오라라고 말한 사람은?

🦟 배울 것은 다 배웠는 데도 계속 배우라는 말을 듣는 사람은?

🦟 비오는 날 신나게 돌아다니는 사람은?

🦟 배워서 남 주는 사람은?

🦟 단골 손님이 없는 장사는?

🦟 미련한 남자를 두 글자로 줄이면?

🦟 임금들이 좋아하는 비는?

"그마 싶어~"

"에이구 이런 미련한…"

두 글자로 줄여서 말하지~ OO이라고~ 하하하

엿장수   배우   우산장수   선생님   장의사   미남   왕비

🐟할머니들이 좋아하는 감은?

🐟손님이 깎아 달라는 대로 깎아 주는 사람은?

🐟병원에 들어갈 때는 무겁고, 나올 때는 가벼운 사람은?

🐟사자 중에 착한 사자는?

🐟가슴의 무게는?

🐟때리는 일이 직업인 사람은?

🐟사자보다 더 무
서운 사자는?

영감 이발사 임산부 자원봉사자 두 근 권투선수   저승사자

🐛 죄를 지은 사람에게 국가에서 공짜로 주는 과자는?

🐛 미치는 사람이 없어서 미치겠다고 투덜대는 사람은?

🐛 세종대왕이 요즘도 돈을 벌고 있다. 무슨 일로 벌고 있을까?

🐛 혼자서 높은 곳에 올라가 가느다란 막대기를 휘두르면서 춤을 추는 사람은?

🐛 지는 것이 돈 버는 일이라고 열심히 지기만 하는 사람은?

🐛 자기가 말하고도 모르는 것은?

전과자   정신과의사   조폐발행

지휘자   짐꾼   잠꼬대

🐷신부는 신부인데 신랑이 없는 신부는?

🐷모래판에서만 태어나는 장사는?

🐷쓸만한 구석이 전혀 없어도, 열심히 찾아서 쓸 수

밖에 없는 사람은?

🐷못 팔고도 돈을 버는 사람은?

🐷남의 이름을 거꾸로만 쓰는 사람은?

🐷아무리 멀리 가 있

어도 멀어지지 않

는 사람은?

🐷우습게 봐 줄수록 좋

다고 하는 사람은?

천주교 신부   천하장사   청소부   철물점 주인
도장파는 사람   친척   코미디언

🐑 탈이 없으면 아무 것도 할 수 없는 사람은?

🐑 항시 손님을 뒤에 두고 일하는 사람은?

🐑 벼락부자가 되려면 무슨 장사가 좋을까?

🐑 한 명이건, 여러 명이건 다 한 사람이라고 하는 것은?

🐑 새발의 피 때문에 팔자를 고친 사람은?

🐑 비로써 인정을 받는 사람은?

탈춤 추는 사람　　택시기사　　피뢰침 장사　　한의원
흥부　　　환경미화원

자 연

🐟 가랑잎으로 만든 비는?

🐟 여름에는 들어가도 겨울에는 못 들어가는 것은?

🐟 낮이나 밤이나 쉬지 않고 가는 것은?

🐟 사람들이 가장 가기 싫어하는 길은?

🐟 다리는 다리지만 건
   지 못하는 다리는?

🐟 지나갈 때는 못 가게
   하고, 안 지나갈 때는
   가게 하는 것은?

저 길에 괴물이 산대

아휴 무서워

가랑비   강   강물   저승길   교각   건널목 차단기

한 번 가면 다시 돌아올 줄 모르는 것은?

불은 불인데 켜지 못하는 불은?

땅을 보며 밑으로 자라는 것은?

아무리 마셔도 배탈이 나지 않는 것은?

자랄수록 탐스럽고 몸이 고와지는 것은?

소 중에서 가장 예쁜 소는?

가장 불쌍한 비누?

강물 검불 고드름 공기 과일 미소 홀아비

72

🐟 배부를 때나 배고플 때나 쉬지 않고 먹어야 하는 것은?

🐟 두꺼울수록 더 잘 새는 것은?

🐟 있으면 안 보이고 없어야 보이는 것은?

🐟 아래로 먹고 위로 나오는 것은?

🐟 신은 신인데 귀로 만든 신은?

🐟 조개는 조개인데 먹을 수 없는 조개는?

🐟 울타리 아래 아이 업고 서 있는 것은?

배고파~

먹을수 없어~

공기   구름   구름과 해   굴뚝   귀신   보조개   옥수수

🐛 그늘에만 들어가면 달아나는 것은?

🐛 세상에서 제일 긴 것은?

🐛 누구를 보든지 늘 소리 없이 방긋방긋 웃는 것은?

🐛 '양초가 가득 차 있다'를 세 자로 줄이면?

🐛 오리는 오리인데 날지 못하는 오리는?

🐛 물에 젖을수록 무거워지는 것은?

🐛 남의 것은 절대 보

지 못하는 것은?

내가 모은거야

초가 굉장히 많다~

그림자   길   꽃   초만원   탐관오리   솜   꿈 가장 귀하고도 흔한 것은?

더울 때는 옷을 입고, 추울 때는 옷을 벗는 것은?

물은 물인데 꼭꼭 씹어 먹어야 하는 것은?

자기 혼자서 마음대로 갈 수 있는 나라는?

가만히 있어도 못 잡는 것은?

별은 별인데 가장 슬픈 별은?

갓 쓰고 한평생 부엌에서만 사는 것은?

울지마~

울지마~

흑흑

흐흑

흐흑

공기   나무   나물   꿈나라   그림자   이별   솥

자기 혼자서 마음대로 갈 수 있는 나라는?

바람이 불면 좋아서 춤을 추는 것은?

물은 물인데 꼭꼭 씹어 먹어야 하는 것은?

더울 때는 눈물 흘리고, 추울 때는 꽃을 뿌리는 것은?

제비가 제일 싫어하는 친척은?

어부들이 싫어하는 연예인은?

꿈나라   나무   나물   구름   제비족   배철수

세상에서 가장 작은 시장은?

연세가 많으신 할머니, 할아버지들이 가장 좋아하는 폭포는?

가을 소식을 전하는 나뭇잎은?

추우면 짧아지고 더우면 길어지는 것은?

길어질수록 다른 한 쪽이 짧아지는 것은?

돈 주고 병 얻으러 다니는 사람은?

낮에는 할 수 있고 밤

에는 할 수 없는 것은?

벼룩시장   나이야가라   낙엽   낮   낮과 밤   엿장수   낮잠

🦔새빨갛게 불타도 연기가 나지 않는 것은?

🦔강산초목에 흰옷을 입히는 것은?

🦔굴리면 굴릴수록 커지는 것은?

🦔빛깔은 흰색인데 보라라고 하는 것은?

🦔사람은 사람인데 녹는 사람은?

🦔싸우기 전에 먼저 뭉쳐야 할 수 있는 싸움은?

🦔천재 남편과 바보 아내가 결혼하면 어떤 아이를 낳을까?

노을 눈 눈덩이 눈보라 눈사람 눈싸움 갓난아이

이 세상에서 해를 가장 싫어하는 사람은?

한 살에서 열다섯 살까지 자라다가 다시 작아지는 것은?

가을 산을 벌겋게 불붙게 하는 것은?

여름에는 푸른 옷, 가을에는 붉은 옷, 겨울에는 발가벗는 것은?

다리 없이 하늘을 오르내리는 것은?

낮에는 꼭꼭 숨어 있다가 밤에는 슬금슬금 나오는 것은?

소금 장수가 좋아하는 사람은?

눈사람 달 단풍 사계절 산 달 달과 별 싱거운 사람

여름에 먹는 것인데 아무리 먹어도 배부르지 않는 것은?

엉덩이에 모자를 쓰고 배꼽에 털이 난 것은?

굴은 굴인데 못 먹는 굴은?

물은 물인데 못먹는 물은?

밤에는 살고 낮에는 죽는 것은?

산에 숨어서 남의 흉내만 내는 것은?

여름밤에 물가에서 날아다니는 불은?

멋지다~!

더위 도토리 동굴 동물 달 메아리 반디불이

🐟어느 곳에 가더라도 하나씩밖에 없는 것은?

🐟바닷가에 서서 밤마다 커다란 눈을 껌벅거리는 것은?

🐟건너 산을 보고 절을 하는 것은?

🐟전세계의 어떤 말이라도 다 따라할 수 있는 것은?

🐟찾아오는 등산객이 없어도 늘 많다고 하는 산은?

🐟원숭이가 나무에서 떨어지는 이유는?

🐟곤충인데 벌레잡이 그물을 만드는 곤충은?

동서남북 등대 디딜방아 메아리 마니산 만유인력 때문 거미

🐛봄이 되면 농부들이 모두 모여서 하려고 하는 것은?

🐛개 중에서 자장 아름다운 개는?

🐛일 년에 한 번 머리를 깎는 것은?

🐛미련한 사람들이 즐겨 먹는 물은?

🐛오르면 오를수록 나쁜 것은?

🐛내려가기만 하고 올라갈 줄은 모르는 것은?

🐛음매음매 우는 나무는?

모내기　무지개　산소　맹물　물가　물　소나무

82

개는 개인데, 잡을 수 없는 개는?

덤으로 준다해도 모두들 받기 싫어하는 덤은?

하나에 하나를 보태도 하나가 되는 것은?

베어도 베어도 베어지지 않는 겻은?

다리로 올라가서 엉덩이로 내려오는 것은?

물을 만나야 빙글빙글 돌아가는 것은?

무지개　무덤　물방울　물　　미끄럼틀　물레방아

남자들이 싫어하는 주방기구는?

이 세상에서 가장 돈이 많은 나무는?

하얀 개와 검은 개가 만나기만 하면 싸우는 것은?

뛰어가면 뛰어갈수록 점점 덤벼드는 것은?

똑같이 걸어가는데 앞뒤 자리가 자꾸 바뀌는 것은?

걸어갈 때 뒤에 꼭 남기는 것은?

겨울에만 피는 꽃은?

돈
이다

바가지   은행나무   바둑   바람   발걸음   발자국   눈꽃

더울 때 짧아졌다가 추워지면 길어지는 것은?

잘라도 잘라도 잘려지지 않는 것은?

까만 하늘에 은가루를 뿌려 놓은 것은?

죽은 죽인데 물만 차고 못 먹는 죽은?

다른 때는 안 짖고 비가 올 때만 짖는 개는?

가장 뜨거운 복숭아는?

손도 없이 나무를 흔드는 것은?

밤　물　밤하늘의 별　방죽　번개　천도복숭아　바람

세상에서 가장 빠른 개는?

동에 번쩍 서에 번쩍하는 것은?

거꾸로 매달린 집에 천 개의 문과 만 개의 방이 있는 것은?

낮에는 숨고 밤에는 나오는 것은?

자리는 자리인데 깔지 못하는 자리는?

개구리가 낙지를 먹어 버리면 무엇이 될까?

무엇인지 모르지만 자꾸 보겠다고 하는 것은?

번개 번갯불 벌집 별 별자리 개구락지 보리

하늘에서 누는 똥인데 밤에만 보이는 것은?

온 몸에 털이 난 곡식은?

얼음이 녹으면 물이 되고, 눈이 녹으면 무엇이 될까?

밤에 보아야 아름다운 꽃은?

똥은 똥인데 튀어다니는 똥은?

모기가 가장 좋아 하는 은행은?

신경통 환자들이 가장 싫어하는 악기는?

별똥   보리   봄   불꽃   불똥   혈액은행   비올라

아래로만 내려오고 절대로 위로 올라갈 수 없는 것은?

하늘에 있는 국자는?

펭귄이 다니는 대학교는?

그리려고 해도 도저히 그릴 수 없는 것은?

물고기의 반대말은?

캄캄해야지만 보이는 것은?

젊을 때나 늙을 때나 항상 푸른 옷만 입는 것은?

비   북두칠성   빙하시대   소리   불고기   별   사철나무

방울은 방울인데 흔들어도 소리나지 않고 나무에 매달려 있는 것은?

깜박깜박 잘 잊어버리는 사람이 좋아하는 산은?

방에 불을 켜면 가장 먼저 도망가는 것은?

두꺼우면 들어갈 수 있고 얇으면 들어갈 수 없는 것은?

덥다 덥다 하면서 작아지는 것은?

때려야 되살아나는 것은?

닭이 열 받으면 어떻게 될까?

솔방울 아차산 어둠 언강 얼음 팽이 프라이드 치킨

자기 집을 등에 지고 이사하는 것은?

나이를 먹을수록 살찌는 것은?

날개 없이 날아가는 것은?

못은 못인데 박을 수 없는 못은?

팔수록 깊어지는 것은?

소리가 있어도 보이지 않는 것은?

박은 박인데 농사에 해로운 박은?

달팽이   열매   풍선   연못   우물   우레   우박

머리를 풀어헤치고 하늘로 올라가는 것은?

빛보고 큰소리 치는 것은?

빛이 나면 소리가 대답하는 것은?

베개를 수 없이 많이 베고 누워 있는 것은?

일 년에 한 번 옷 한 벌씩 얻어 입는 것은?

어떤 경우에도 하지 말라는 말을 하지 않는 것은?

벌레 중에서도 가장 빠른 벌레는?

벌레 달리기 대회

연기   천둥   천둥과 번개   철도   초가지붕   해   바퀴벌레

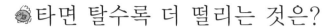 타면 탈수록 더 떨리는 것은?

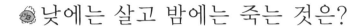 낮에는 살고 밤에는 죽는 것은?

세계에서 가장 큰 산은?

바닷가에서 바람결 따라 춤추는 것은?

가도 가도 끝이 없는 것은?

코 위에 뿔이 난 것은?

추위   태양   에베레트산   파도   하늘   코뿔소

🐟 해 보고 우는 것은?

🐟 아래로는 못가고 위로만 올라가는 것은?

🐟 큰소리치고 불을 토하지만 모양은 볼 수 없는 것은?

🐟 어두울수록 잘 보이는 것은?

🐟 날지 못하는 제비는?

🐟 개 중에서 가장 큰 개는?

얼음   연기   천둥   하늘의 별   족제비   안개

지　혜

🐢 자기들만 옳다고 생각하는 사람들이 사는 집은?

🐢 구두쇠가 가장 좋아하는 숫자는?

🐢 호랑이도 무서워 하지 않는 개는?

🐢 전화번호를 모두 0으로 곱하면?

🐢 거꾸로 서나 바로 서나 똑같은 숫자는?

🐢 기둥 하나에 가지 12개, 잎이 365개인 것은?

| 고집 | 0(공짜) | 하룻강아지 | 0 | 1 | 1년 |

우리나라에서 키가 가장 큰 사람은 몇 명일까?

천재 남편과 바보 아내가 결혼하면 어떤 아이를 낳을까?

가슴, 허리, 엉덩이 가운데 사람을 먹여 살릴 수 있는 것은?

일을 하려면 입을 열었다 닫았다 하는 것은?

들었는데도 팔은 안 무겁고 머리만 무거운 것은?

세상의 어떤 것이나 금방 똑같이 그리는 것은?

귀는 귀인데 네 발 달린 귀는?

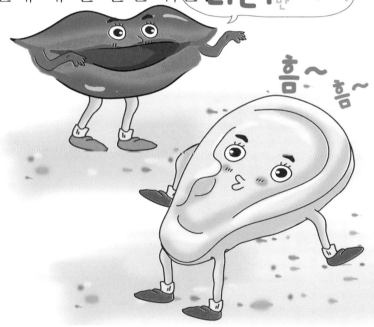

왜 너는 다리만 네 개니?

흠~ 흠~

1명　　갓난아기　　가슴　　가위　　감기　　거울　　당나귀

오른손을 들면 왼손을 들고, 왼손을 들면 오른손을 드는 것은?

거지가 말을 타고 가는 것은?

사람들이 다니기를 싫어하는 거리는?

고래 2마리가 같이 소리 지르면?

세상에서 가장 어려운 비는?

목수들도 고칠 수 없는 집은?

꼬리는 꼬리인데 날아다니는 꼬리는?

거울속 사람 거짓말 걱정거리 고래고래 고비 고집 꾀꼬리

고래랑 사자랑 결혼해서 말이 태어났다. 그 말의 이름은?

집은 집인데 돈으로 살 수 없고 들어가 살 수도 없는 집은?

무시무시한 해골들이 사는 방은?

비는 비인데 나라를 망치게 하는 비는?

제삿날과 생일이 같은 곤충은?

양은 양인데 많이 배운 사람에게 많은 양은?

넘어진 펭귄이 걷다가 또 넘어졌다. 일어나서 뭐라고 말했을까?

거짓말 고집 골방 과소비 하루살이 교양 괜히 일어났네

일 단은 외울 필요가 없는 것은?

지붕 위에서 하늘을 보고 담배 피우고 있는 것은?

굴 속에 들어가서 밥을 퍼 내오는 주걱은?

라면은 라면인데, 달콤한 라면은?

닭은 닭인데 먹지 못하는 닭은?

높힌 사다리 위를 왔다갔다하며 달리는 것은?

북은 북인데 살아 있는 북은?

구구단 굴뚝 귀지개 그대와 함께라면 까닭 기차 거북

🐟세상에서 제일 더럽고 추한 개는?

🐟하루 종일 하루에 천 리를 다녀와도 전혀 지치지 않는 것은?

🐟때리면 때릴수록 소리치는 것은?

🐟코끼리 두 마리가 서로 싸우다가 둘다 코가 떨어져 나가는 것을 뭐라고 할까?

🐟많이 먹으면 죽는다 해도 먹을 수밖에 없는 것은?

🐟팽이는 팽이인데 때리면 죽는 팽이는?

꼴불견   꿈 속의 여행   꽹과리   끼리끼리   나이 달팽이

백설공주는 뭘 먹고 죽었을까?

그네는 그네인데 타지 못하는 그네는?

추울 때 얼굴을 붉히면 붉힐수록 사람이 좋아하는 것은?

영원히 오지 않는 날은?

창피함도 모르고, 염치도 없고, 비위도 좋은 사람의 나이는?

눈치코치란?

오백에서 백을 빼면 얼마일까?

나이 나그네 난로 내일 넉살 눈 때리고 코 때리고   오

100

🐡 편식이 아무리 심한 사람도 어쩔 수 없이 먹는 것은?

🐡 온세상을 다 덮을 수 있는 것은?

🐡 머리 감으면서 가장 먼저 감는 곳은?

🐡 기뻐도 나오고 슬퍼도 나오고 매워도 나오는 것은?

🐡 맞아도 죽지도 아프지도 않지만 기분이 나빠지는 총은?

🐡 미소의 반대말은?

🐡 바나나 우유가 웃으면 무엇일까?

나이   눈꺼풀   눈   눈물   눈총   당기소   빙그레

🦠 도둑 앞에 1000원과 10.000원이 있다. 그럼 도둑 은 어떤 것을 주울까?

🦠 뒤에서 소리가 나면 돌아보는 까닭은?

🦠 다른 것은 다 비추어도 자기 발은 비추지 못하는 것은?

🦠 노래 자랑에 가서 '합격을 했다'를 세 자로 줄이면?

🦠 세균 중에서 우두머리 균은?

🦠 사람들이 겨울날 많이 찾는 끈은?

🦠 분명히 소리를 들었 는데 어디 있는지 잡지 못하는 것은?

둘다 줍는다	뒤통수에 눈이 없으니까	등잔불
딩댕동	대장균	따끈따끈	방귀

눈코 뜰 새 없이 바쁜 때는?

구리는 구리인데 쓸모없는 구리는?

커다란 입으로 무엇이든지 잘 먹고 잘 쏟아내는 것은?

왕과 작별 인사를 하면?

아주 오래 전에 건설된 다리 이름은?

바지 안에서 잃어버렸는데도 찾을 수 없는 것은?

하늘에는 총이 둘이요, 땅에는 창이 두 개인 것은?

머리 감을 때   멍텅구리   바구니   바이킹
구닥다리   방귀   별 총총 어둠 침침

🐞 많이 터지면 터질수록 좋은 것은?

🐞 게으른 사람은 평생 볼 수 없는 영화는?

🐞 목욕탕에 가면 두고 나오는 것은?

🐞 백인들이 머리가 노랗고, 피부는 하얗고, 눈이 파란 이유는?

🐞 가장 무서운 상사는?

🐞 놀부 여동생은 놀순이, 그러면 남동생의 이름은?

🐞 세상에서 가장 작은 시장은?

복 부귀영화 때 부모를 닮아서 불상사 흥부 벼룩시장

104

🐟 발이 네 개 있는 데도 발이 보이지 않는 것은?

🐟 가기만 하고 돌아오지 않는 것은?

🐟 소금을 가장 비싸게 파는 방법은 무엇일까?

🐟 금은 금인데 항상 손에 들고 다니면서도 팔지는 못하는 금은?

🐟 도둑이 훔친 돈을 영어로 하면?

🐟 훔치다의 과거형은 훔쳤다이다. 그러면 미래형은?

🐟 가지 말라고 아무리 부탁해도 가는 것은?

🐟 누구나 즐겁게 웃으며 보는 글은?

사발   세월   소와 금으로나누어 판다   손금
슬그머니   교도소   시간   싱글벙글

🐝 '바람 바람 바람'을 세 글자로 하면?

🐝 남쪽으로 달리고 있는 원효대사의 머리카락은 어느

쪽으로 날릴까요?

🐝 간장은 간장인데 못 먹는 간장은?

🐝 금은 금인데 도둑 고양이에게 가장 어울리는 금은?

🐝 밝을수록 잘 보이지 않는 것은?

🐝 여름에 땅을 파면 나오는 것은?

🐝 물은 물인데 사람들이 좋아하는 물은?

쌩쌩쌩　　　안 날린다　　　애간장　　　야금야금
영화관 화면　　　땀　　　보물

🐟 짱구와 오징어의 차이점은?

🐟 너무 많이 웃어서 생기는 병은?

🐟 펴면 집이 되고 오그리면 지팡이가 되는 것은?

🐟 소가 웃는 소리를 세 글자로 하면?

🐟 힘이 넘치는 사람이 타는 차는?

🐟 발중에서 가장 못생긴 발은?

🐟 여름만 되면 바람을 피우는 것은?

내 못 공장히 생겼어요. 열심히 연습한 발은 못생길수 밖에 없죠

오징어는 말릴 수 있지만 짱구는 못 말려　　요절복통
우산　　우하하　　으랏차차　　묵사발　　부채

별은 별인데 가장 슬픈 별은?

날마다 아침이면 생기는 나라는?

굴 속에 흰 바위가 32개 나란히 놓여 있는 것은?

훌륭한 부모가 되기 위해서 꼭 필요한 것은?

말을 하지 않으려 해도 어쩔 수 없이 하게 되는 것은?

꿈을 이루고자 하는 사람이 가장 먼저 해야 할 일은?

사람에게 사이렌을 울리며 다가오는 곤충은?

이별   일어나라   입 속의 이   자식   잠꼬대   잠꼬대   모기

🐟 하루 종일 눈 부릅뜨고 성난 모습으로 서 있는 것은?

🐟 라이터만 있고 담배는 없는 사람을 무엇이라고 하나?

🐟 오지 말라고 하여도 오고, 가지 말라고 해도 가는 것은?

🐟 사각형의 동생은 누구일까?

🐟 여행을 하다가 돈이 떨어졌을 때 어떻게 해야 할까?

🐟 끈은 끈인데 세상에서 가장 골치 아픈 끈은?

🐟 미소의 반대말은?

장승 불만 있는 사람 세월 사각 주우면 된다 지끈지끈 당기소

창이 딴 사람에게 날아올 때 하는 말?

바람은 바람인데 불지 않는 바람은?

세상에서 가장 달콤한 국은?

서울시민 모두가 동시에 말하면 무슨 말이 될까?

초가 꽉 차면?

단 한 마디로 깰 수 있는 것은?

'펄펄 끓는 물에 숟을 집어 넣었다'를 한 자로 줄이면?

창피해   치맛바람   천국
천만의 말씀(서울시민 천 만명)   초만원   침묵   악

쉴 때는 누워 있다가 일할 때는 한 다리로 서는 것은?

도둑이 가장 싫어하는 아이스크림은?

더울 때는 열고, 추울 때는 닫는 것은?

피인데 붉기는 하지만 흐르지 않는 것은?

표정이 변하지 않고 추는 춤은?

사람 몸에 붙어 있으면서도 볼 수 없는 눈은?

'성당에서 예배드리는 날'을 세 글자로 하면?

팽이   누가봐   창문   창피   탈춤   티눈   미사일

🐟사람 때리기 좋아하는 축구선수는?

🐟4마리의 고양이가 괴물이 되면?

🐟태풍에 날아가 버린 이 산의 이름은?

🐟허수아비의 반대말은?

🐟허수아비의 아들은?

🐟떡 중에서 가장 빨리 먹는 떡은?

🐟발톱 센 사람과 손톱 센 사람이 싸우면 누가 이길까?

| 펠레 | 포켓몬스터 | 풍비박산 | 허수어미 | 허수 |
| 헐레벌떡 | 힘센 사람 | | | |

🐸 동생과 형이 싸우는데 동생 편만 드는 세상을 뭐라고 할까?

🐸 집은 집인데 많으면 많을수록 값이 싼 집은?

🐸 줄어들면서 늘어나는 것은?

🐸 달과 물 사이에 불을 피워 놓는 요일은?

🐸 여자를 아름답게 하는 술은?

🐸 작은 것은 잘 보이는데, 큰 것은 잘 안보이는 것은?

🐸 그늘에만 들어가면 사라지는 것은?

사라졌어!

정말 어디로 갔지?

형편없는세상 흠집 흰머리 화요일 화장술 현미경 그림자

🐑일어서면 매를 맞지 않고 누우면 맞는 것은?

🐑훔치면 훔칠수록 더러워 지는 것은?

🐑시계는 시계인데 낮에만 가는 시계는?

🐑빛만 보면 못쓰는 것은?

🐑위로 먹고 옆으로 토하는 것은?

🐑백두산 꼭대기에 가장 몇 낳무는 몇 그루 있을까?

🐑먹지 못하는 밥은 무슨 밥일까?

홍두깨   행주   해시계   필름   맷돌   한 그루   톱밥

동식물

불은 불인데 닿으면 뜨겁지 않고 따가운 불은?

오리는 오리인데 날지 못하는 오리는?

가지 않으면서도 간다고 한다는 것은?

손님이 오면 제일 먼저 반기는 것은?

개구리가 낙지를 먹으면?

어릴 때는 울지 못하다가 어른이 되어서야 우는 것은?

가시덤불 가오리 가오리 개 개구락지 개구리

나리는 나리인데 아무도 굽신거리지 않는 나리는?

공중에서 줄타기 곡예를 하면서 먹고 사는 것은?

여행하는 것을 좋아하면서도 결코 집을 떠나지 않는 것은?

오던 놈인지 가던 놈인지 모르는 것은?

달나라에 사는 유일한 식물 이름은?

몸에 가시 돋은 것은?

가장 학력이 좋은 물고기는?

개나리　거미　거북　게　계수나무　고슴도치　고등어

🐛벌레잡이 그물을 만드는 것은?

🐛북은 북인데 죽을 때까지 살아 움직이는 북은?

🐛자리는 자리인데 날아다니는 자리는?

🐛눈물을 흘리지 않고 우는 것은?

🐛이메일 주소에는 꼭 끼는 물 속 생물은?

🐛한번도 햇빛을 쬔 적이 없는 것은?

🐛세상에서 가장 야한 닭은?

거미   거북   고추잠자리   곤충   골뱅이   그림자   홀닥

물은 물인데 사람들이 무서워하는 물은?

무엇이든지 구겨버리려는 나무는?

나는 곤충의 새끼인데 날지 못하는 것은?

물 속에서 금빛 찬란한 옷을 입고 산책하는 것은?

앞으로 보나 뒤로 보나 똑같은 새는?

발은 발인데 향기가 나는 발은?

닭은 어느 집에서 시집을 왔을까요?

괴물 구기자나무 구더기 금붕어 기러기 꽃다발 꼬꼬댁

🐟 진짜 문제 투성이인 것은?

🐟 '못다 핀 꽃 한 송이'를 네 글자로 줄이면?

🐟 꼬리는 꼬리인데 날아다니는 꼬리는?

🐟 물고기 중에서 가장 값어치 있는 물고기는?

🐟 겨울에는 옷을 벗고 여름에는 옷을 입는 것은?

🐟 집을 짓고 잠을 잔 후, 집을 헐고 다른 모습이 되어
나오는 것은?

🐟 아침, 점심, 저녁에 따라 각각 얼굴이 다른 꽃은?

시험지 꽃봉오리 꾀꼬리 금붕어 나무 나비 나팔꽃

119

더울 때는 옷을 잔뜩 입고, 추울 때에 옷을 벗어 버리는 것은?

아기는 기고 엄마는 나는 것은?

유일하게 음악을 할 수 있는 꽃은?

등에 산봉우리를 지고 다니는 것은?

여름에 먹는 것인데 아무리 먹어도 배부르지 않는 것은?

나뭇잎을 먹고 하얀 통 속에 들어갔다가 날개 달고 나오는 것은?

자기 집을 등에 지고 이사하는 것은?

여름 음식 뭘 좋아해?

나무   나비   나팔꽃   낙타   더위   누에   달팽이

팽이는 팽이라도 돌지 못하는 팽이는?

 붉은 갓을 쓰고 얼룩 옷을 입은 것은?

 귀는 귀인데 걸어다니고 뛰어다니는 귀는?

 뱀은 뱀인데 네 발 달린 뱀은?

 어린이들이 가면 안 되는 역은?

 삽이나 괭이도 없이 땅굴을 잘 파는 것은?

 낮에 보아도 밤인 것은?

달팽이 닭 당나귀 도마뱀 미아역 두더쥐 먹는 밤

비틀어진 집 속에 혼자만 살고 있는 것은?

알 낳고 동네방네 알리는 것은?

날마다 먹고 자고 놀기만 하는 동물은?

서서 잠을 자는 동물은?

태어나자마자 걸을 수 있는 동물은?

울기는 처량하게 울어도 눈물 없이 우는 것은?

실은 실인데 바늘 구멍에 꿸 수 없는 실은?

달팽이　닭　돼지　말　망아지　매미　온실

신은 신인데 신지 못하는 신은?

사람에게 다가올 때 사이렌을 울리며 다가오는 곤충은?

꽃이 핀 뒤 열매가 열리고 열매가 열린 후 다시 흰 꽃이 피는 것은?

점치는 벌레는?

다리에 발이 달리지 않고 머리에 다리가 달린 것은?

불장난을 좋아하는 사람들이 가는 역은?

키는 크지만 속없는 것은?

귀신 모기 목화 무당벌레 문어 방화역 대나무

매일 구구단을 외워도 일생 동안 산수를 한 번도 하지 못하는 새는?

잘못한 것도 없는데 잘못했다고 빌기만 하는 나무는?

머리에 보약을 이고 다니는 동물은?

엄마는 머리를 빡빡 깎았는데, 아빠는 파마를 한 동물은?

귀는 귀인데 소리를 못듣는 귀는?

눈물을 흘리지 않아도 운다고 하는 짐승은?

새는 새인데 날지 못하는 새는?

비둘기   사과나무   사슴   사자   사마귀   새 노새

여름밤 물가에서 날아다니는 불은?

날짐승도 길짐승도 아닌 것은?

날개 없이 날아다니는 것은?

다리만 잡으면 방아를 찧는 곤충은?

구부러져도 뻗었다고 하는 나무는?

작은 돈으로 방안을 가득 채운 것은?

'눈, 구름, 칼'을 세 글자로 줄이면?

반딧불이 박쥐 연기 방아깨비 버드나무 고추 설운도

바다에서 나이가 가장 많은 생물은?

나뭇가지에서 빨갛게 연지를 찍고, 하얀 이를 내보

이며 방긋이 웃고 있는 것은?

웃으면 이빨이 쏟아지는 것은?

음메 음메 우는 나무는?

소나타는 누가 타는 차일까?

방울은 방울인데 소리가 나지 않는 방울은?

소는 소인데 뿔이 없는 것은?

새우(수염이있으니까) 석류 석류 소나무 소 솔방울 송아지

젊을 때나 늙을 때나 항상 푸른 옷만 입고 있는 것은?

머리카락을 길게 길러 내리 빗고, 길 가에서 온종일

춤추는 것은?

조금 자랐는데도 쑥 자랐다고 하는 것은?

소는 소인데 일 못하는 소는?

옆으로는 다녀도 앞으로는 못 다니는 것은?

문은 문인데 닫지 못하는 문은?

베어도 베어도 베어지지 않는 것은?

소나무   수양버들   쑥   염소   게   소문   물

어른은 어른인데 침을 흘리면서 잘 우는 짐승은?

세상에서 가장 빠른 새는?

십리 길의 가운데에서 만나는 동물은?

고깔 모자에 망토를 두르고 열 개의 다리로 헤엄치며 다니는 것은?

새우의 왕은?

보통 털을 뽑고 가죽을 벗기는데, 가죽을 먼저 벗기고 털을 뽑는 것은?

커도 자라라고 하고 작아도 자라라고 하는 것은?

소 눈깜박할새 오리 오징어 왕새우 옥수수 자라

누더기 입고 파마하고 엄마 등에 업혀 있는 것은?

날이면 날마다 자장가만 부르는 나무는?

초가을이면 만날 수 있는 헬리콥터는?

어릴 때도 늙을 때도 수염이 있는 것은?

두 눈이 떨어져 있지 않고 붙어 있는 곤충은?

벌레 가운데에서 가장 신나게 흥을 맞추는 벌레는?

사람은 사람인데 늙지 않는 사람은?

옥수수 자작나무 잠자리 새우 잠자리 장구벌레 눈사람

집에다 또 집을 지어 놓고 떠나는 것은?

날지 못하는 제비는?

진짜 새의 이름은?

벼락을 잡아 먹는 괴물은?

발버둥 치는 사람들이 많이 모인 곳은?

날마다 길가에서 사람들에게 윙크하는 것은?

새 중에서 제일 경

망스러운 새는?

제비 족제비 참새 피뢰침 수영장 신호등 촉새

🐟 겨울에 오는 비는 겨울비, 가을에 오는 비는 가을비, 봄에 오는 비는?

🐟 박은 박인데 하늘에서 떨어지는 박은?

🐟 바느질을 하기 위해 실을 타는 사람을 다섯 자로 줄이면?

🐟 '엉엉 울다가 하하 웃는 사람'을 다섯 글자로 줄이면?

🐟 동생과 형이 싸우면서 내는 소리를 세 자로 줄이면?

🐟 주머니는 주머니인데 혼자 움직이는 주머니는?

🐟 산타클로스 할아버지가 절대로 아이들에게 주지 않는 선물은?

제비 우박 실없는 사람 아까운 사람 아우성 아주머니 양말

하얀 셔츠에 까만 양복을 입고 물 속에 들어가 헤엄을 치는 것은?

생일이 곧 제삿날인 것은?

호랑이도 무서워하지 않는 개는?

높은 곳에서 애를 낳은 동물은?

나면서부터 늙은 것은?

태어날 때부터 할머니라고 불리는 새는?

물에서 태어났으면서도 물에 들어가면 죽는 것은?

펭귄 하루살이 하룻강아지 하이애나 할미꽃 할미새 소금

🐟우리에게 내일은 없다라는 말은 누가 했나?

🐟소는 소인데 날아다니는 소는?

🐟해가 있으면 웃고 비가 오면 고개를 숙이는 것은?

🐟파리는 파리인데 날지 못하는 파리는?

🐟새 중에서 자기 몸이 누렇다고 자랑하는 새는?

🐟젊었을 때도 늙었다고 하는 꽃은?

하루살이   하늘소   해바라기   해파리   황새   할미꽃

🐟가로 줄, 세로 줄에서 싸우는 것은?

🐟범죄 신고는 112, 화재 신고는 119, 심심할 때는?

🐟거꾸로 서면 3분의 1을 손해보는 숫자는?

🐟거꾸로 서나 바로 서나 똑같은 숫자는?

🐟타이타닉의 구명보트에는 몇 명이 탈 수 있을까?

🐟매일 학교에는 따라가지만 공부는 하지 않는 것은?

바둑   369   8   9   9명   가방

🐟한 사람이 들어가면 움직이는 집은?

🐟다섯 개와 두 개가 싸웠는데 두 개가 이기는 것은?

🐟서서 쉬고 앉아서 일하는 것은?

🐟'개가 사람을 가르친다'를 네 자로 줄이면?

🐟거리는 거리인데 사람들이 다니기를 꺼려하는 거리는?

🐟걱정이 많은 사람이 좋아하는 산은?

🐟인터넷에서만 볼 수 있는 책은?

가마   가위와 보에서(가위)   가야금   개인지도
걱정거리   걱정이 태산   검색

고개는 고개인데 가장 넘기 힘든 고개는?

무는 무인데 늘었다 줄었다 하는 것은?

조금이라도 빨리 뛰어가서 잘라야 칭찬 받는 것은?

위나 밑, 어느 쪽에서 보아도 모양이 똑같은 것은?

책은 책인데 글자가 없는 책은?

학이면서 날지 못하는 학은?

한쪽이 길어질수록 한쪽이 짧아지는 것은?

보리고개 고무(줄) 골인테이프 공 공책 과학 (낮과밤의)밤

🐟 윗사람에게 아부 잘하는 사람이 믿는 신은?

🐟 궁색한 사람들이 많이 찾는 책은?

🐟 신은 신인데 신지 못하는 신은?

🐟 개는 왜 꼬리를 흔들까?

🐟 남의 것은 절대로 볼 수 없는 것은?

🐟 아무리 마셔도 배부르지 않는 것은?

🐟 가로 줄, 세로 줄에서 싸우는 것은?

굽신굽신   궁여지책   귀신
꼬리가 개를 흔들 수 없으니까.   꿈   공기   바둑

🐞불가능이란 말이 없는 사전은 어떤 사전일까?

🐞눈에는 보이지 않지만 마디가 있는 것은?

🐞가장 빨리 나는 새는?

🐞색깔이 흰색인데도 '보라'라고 하는 것은?

🐞고래가 몇 마리 모일 때 가장 시끄러울까?

🐞닿아도 감전되지 않는 전기는?

🐞'실 가게에 여러 가지 실들이 많이 있다'를 네 글자로 줄이면?

오H 안감기지?

나폴레옹 사전   노래   눈 깜짝할 새   눈보라
두 마리   윤전기   득실득실

138

🐟겨울에 가장 많이 쓰는 끈은?

🐟오랜 시간 섬에서 혼자 지낸 소의 이름은?

🐟막이 올라가면 시작하고, 막이 내려가면 끝난다는 말은?

🐟벌새는 왜 윙윙거릴까?

🐟가만히 있는데 잘 돈다고 하는 것은?

🐟아무리 빨리 달려도 앞차를 앞지르지 못하는 것은?

따끈따끈   로빈슨크루소   막상막하
말을 모르니까   머리   기차의 열차

꽃은 꽃인데 깜깜한 곳에 있는 꽃은?

살은 살인데 나무로 만든 살은?

감은 감인데 먹지 못하는 감은?

귀 밑에 점이 하나 있는 것은?

미꾸라지의 반댓말은?

미꾸라지보다 한 단계 더 큰 것은?

비도 오지 않는데 밤낮 없이 우산을 쓰고 있는 것은?

불꽃   문살   물감 물음표(?) 미꾸스몰 미꾸엑스라지 전등

바람둥이들이 가장 좋아하는 장난감은?

눈이 오면 강아지가 펄쩍펄쩍 뛰는 이유는?

네 발이 있으면서도 걸어 다니지 못하는 것은?

애국가에는 모두 몇 개의 산이 나올까요?

별을 따는 일보다 어려운 일은?

하늘에 별이 없을 때 뭐라고 말할까?

바이러스, 세균, 프리온 등을 다스리는 최강의 신의 이름은?

바람개비 발이 시려워 밥상 세 개(백두산, 남산, 화려강산)
별 다는 일   별 볼 일 없다   병신

고개는 고개인데 보이지 않는 고개는?

얼음이 녹으면 물이 된다. 그렇다면 눈이 녹으면?

언제나 둘이 손잡고 불 속으로 뛰어드는 것은?

바나나 우유가 웃으면 무엇일까?

건강, 재산, 행복을 찾을 수 있는 곳은?

가장 흔하면서도 귀한 것은?

불은 불인데 닿아도 뜨겁지 않은 불을?

보릿고개 봄이 옴 부젓가락 빙그레 사전 생명 이불

공은 공인데 세상 사람들이 가장 좋아하는 공은?

풀 수는 있지만 감을 수는 없는 것은?

다른 때는 안 짖고 비 올 때만 짖는 개는?

날마다 그네만 뛰는 것은?

많이 맞을수록 좋은 것은?

운전자들이 꼭 배워야 하는 춤은?

눕는 것을 가장 싫어하는 사람은?

성공   수수께끼   번개   시계추
　시험   　우선멈춤   　권투선수

🐷깨뜨리고도 칭찬을 받는 사람은?

🐷공을 차려다 신발이 날아간 아이는 누구일까?

🐷신사가 자기 소개할 때 쓰는 말은?

🐷오랜 봉사활동 끝에 빛을 본 사람은 누구일까?

🐷어렵게 어렵게 지은 절은?

🐷다리는 다리인데 정중정중 가야하는 다리는?

🐷놀부가 가장 좋

　아하는 술은?

다리가 이상하네?

껑충 껑충 껑충

| 기록 갱신자 | | 신나는 아이 | 신사임당 |
| 심봉사 | 우여곡절 | 사닥다리 | 심술 |

144

🐟주기에 받아서 내 이름까지 써 놓았더니 다시 뺏어 가는 것은?

🐟우리나라 최초의 다이빙 선수는?

🐟아이 추워의 반대말은?

🐟살은 살인데 겁 많은 사람들에게 많은 살은?

🐟둘이 먹다가 하나가 죽어도 모르는 것은?

🐟가장 먹고 살기 힘든 사람은?

🐟선은 선인데 몸 지우는 선은?

산이 날아간다!

시험지 심청이 어른 더워 엄살 연탄가스 위장병 환자 유람선

개와 오랑우탄이 결혼하여 낳은 자식은?

발등을 밟혀야만 좋다고 노래 부르는 것은?

나무가 5개 모이면?

많이 먹어도 살찌지 않는 것은?

우등생이란?

편은 편인데 나누어지지 않는 편은?

눈 오는 날만 일하는 사람은?

| 오랑캐 | 오르간 | 오목 | 욕 |
| 우겨서 등수를 올린 학생 | | 남편 | 안과의사 |

글을 잘 쓰려면 반드시 정복해야만 하는 고지의 이름은?

처음도 끝도 없는 것은?

창문 100개중 2개가 깨지면?

네 쌍둥이가 공중에서 재주 넘고 내려와 눕기도 하고 엎어지기도 하는 것은?

나뭇잎의 나이는 몇 살일까?

방울은 방울인데 소리 나지 않는 방울은?

원고지   원   윈도우 98   윷놀이   이파리 십육(16)   솔방울

🐞인도는 지금 몇 시인가?

🐞공주는 공주인데 사람 대접 못받는 공주는?

🐞앞으로 나가면 지고 뒤로 물러나면 이기는 것은?

🐞발바닥 한 가운데가 움푹 패인 이유는?

🐞서로 진짜라고 우기는 신은?

🐞남들에게 아무리 많이 주어도 그대로 지니고 있는 것은?

🐞한국이 배출한 세계 최초의 여성 장군은?

보라색 드레스가 예쁘네

보라색 ??

인도네시아   인어공주   줄다리기   지구가 둥글기 때문에
옥신각신   지식   지하여장군

얼굴은 6개 눈이 21개인 것은?

말도 못하고 듣지도 못하는데 무엇이든지 가르쳐 주는 것은?

항상 눈을 부릅뜨고 이를 드러내고 땅에 버티고 서 있는 것은?

아무리 뛰어가도 언제나 제자리로 돌아오는 것은?

손으로 잡을 수 없는 공은?

묵은 묵인데 조용하기만 하고 먹지 못하는 묵은?

파리는 파리인데 날지 못하는 파리는?

주사위   책   천하대장군   쳇바퀴   축구공   침묵   해파리

149

수없이 많은 것이 실렸는데도, 한 손으로 거뜬히 들고 다닐 수 있는 것은?

선물로 받았지만 발로 차야 하는 것은?

한 발은 그대로 있고, 한 발로만 열심히 돌아다니는 것은?

마시지 않아도 취하는 술은?

입이 없어도 노래만 잘하는 것은?

세상이 모두 네모로 보이는 것은?

내것은 내것인데 남들이 더 많이 사용하는 것은?

친구들이 더 많이 사용하네?

책 축구공 컴퍼스 최면술 카세트 카메라 이름

150

🐟변호사는 말로 싸운다. 그러면 검사는 무엇으로 싸울까?

🐟탈 없이는 할 수 없는 것은?

🐟온 몸에 구멍이 나서 슬픈 노래만 부르는 것은?

🐟하나로 사람들 모두가 다 쓰는 가위는?

🐟얼굴에 딱지를 붙이고 세계일주 하는 것은?

🐟벼락을 잡아 먹고도 꼬덕 없는 것은?

🐟아이들이 학교에 가는 이유?

칼   탈춤   통소   팔월 한가위   편지   피뢰침
학교가 아이에게 올 수 없어서

닦으면 닦을수록 똑똑해지는 것은?

낫 놓고 기역자도 모르는 사람은?

낮에는 열심히 일하다가 밤에는 편히 쉬는 시계는?

더울수록 키가 커지고, 추우면 추울수록 키가 작아지는 것은?

개미네 집 주소는?

그 누구도 말만 들었지 진짜 보지 못한 다리는?

나이를 먹을수록 속이 텅 비어가는 것은?

학문　　한국어를 모르는 사람　　해시계　　온도계 수은주
허리도 가늘군 만지면 부러지리　　헛다리　　대나무

작은 것은 잘 보는 데 큰 것은 잘 보지 못하는 것은?

붉은 길에 동전 하나가 떨어져 있다. 그 동전의 이름은?

일 억 년 된 공룡을 무엇이라고 할까?

앞으로 나가면 옆에서 못 지나가고, 옆으로 지나가면 앞으로 못 나가는 것은?

미리 뭉쳐야만 싸울 수 있는 싸움은?

놀부 여동생은 놀순이, 그러면 남동생의 이름은?

복은 복인데 환자들이 가장 바라는 복은?

현미경   홍길동전   화석   횡단보도   눈싸움   흥부   회복

🐑우리나라 최초의 수의사는?

🐑'바람 바람 바람'을 세 글자로 하면?

🐑앞으로 갈수록 올라가는 것은?

🐑들어올 때는 부서지고, 나갈 때는 멀쩡하게 나가는 것은?

🐑공기만 먹어도 살이 찌는 것은?

🐑들어가면 들어갈수록 더욱 더 깊어지는 것은?

🐑아무리 뜯어

　고쳐도 새로

　운 법이 안

　되는 것은?

홍부　씽씽씽　택시요금　파도　풍선　학문　헌법

공동생활

🐛 새까만 숲 속에 난 오솔길은?

🐛 모두가 들어가기 싫어하는 방은?

🐛 물건을 사면서도 받는 돈은?

🐛 하나에 하나를 보내도 하나가 되는 것은?

🐛 발이 두 개 달린 소면 무엇일까?

🐛 눈사람의 반대말은?

가르마   감방   거스름돈   물   이발소   일어선 사람

갈 때는 못가고, 안 갈 때는 가는 것은?

둘이서는 할 수 있고 혼자서는 할 수 없는 것은?

매일 말싸움 하는 곳은?

경찰서의 반댓말은?

붙으면 죽고 떨어지면 사는 것은?

어른들이 술자리에서 내미는 배는?

아무리 붙잡으려 해도 붙잡을 수 없는 것은?

건널목 결혼 경마장 경찰 앉아 고압선 건배 시간

훔치다의 과거형은 훔쳤다이다. 그러면 미래형은?

네거리에 서서 체조를 하는 사람은?

머리를 풀고 하늘로 올라가는 것은?

일 단은 외울 필요가 없는 단은?

엿장수가 가장 싫어하는 쇠는?

서울에서 가장 정렬하게 지은 지하철은?

감은 감인데 어른보다 어린이들이 더 좋아하는 감은?

교도소 교통경찰 연기 구구단 구두쇠 일원역 장난감

🐟 뒤로 갈수록 위치가 높아지는 것은?

🐟 집에서는 절대로 먹을 수 없는 점심은?

🐟 어느 학교에서 피구를 하던 학생이 죽었다 왜일까?

🐟 분명히 소리를 들었는데 보이지 않는 것은?

🐟 주인공만 나와 있고 내용은 없는 책은?

🐟 약은 약인데 아끼고 아껴 먹어야 하는 약은?

🐟 직선으로 타
　지 않고 곡선
　으로 타오르
　는 불은?

듣긴 들었는데…

극장의 좌석　급식　금밟아서　메아리　전화번호부　절약　꾸불꾸불

하루에 천 리를 갔다와도 피곤하지 않은 여행은?

일 년에 한 번만 먹는 것은?

바늘과 실이 있어도 옷을 꿰매지 못하는 것은?

뛰면 주저앉고 주저앉으면 뛰는 것은?

오줌을 잘 싸는 사람을 오줌싸개라고 한다. 그러면
오줌을 빨리 싸는 사람은?

작아도 온 방을 가득 채우는 것은?

꿈 속의 여행   나이   낚시바늘과 줄
널뛰기   잽싸게   전기불

노루가 다니는 길은?

팔은 팔인데 구부릴 수 없는 팔은?

머리 한가운데 뿔이 솟아 있는 것은?

늘 새로운 욕을 만드는 나라는?

내려가기만 하고 올라올 줄 모르는 것은?

나무 토막을 베고 한없이 누워 있는 것은?

알 중에서 가장

무서운 알은?

노르웨이　나팔　냄비뚜껑　뉴욕　물　철길　총알

목을 조이는 것인데도 기쁘게 받는 선물은?

개와 개구리에게는 있지만 뱀에게는 없는 것은?

애 낳다가 죽은 여자는?

세상에서 단 두 대밖에 없는 사형 기구는?

대통령 선거의 반댓말은?

덥다 덥다 하면서 작아지는 것은?

권투를 가장 잘하는 사람들이 사는 나라는?

넥타이 다리 다이애나 단두대 대통령 앉은 거 얼음 칠레

🐛날씨가 추운 겨울에 술술 잘 풀린다는 사람은?

🐛한 번 먹으면 며칠씩 앓아 눕는 감은?

🐛세상을 돌고 도는 종이는?

🐛차가우면 일을 못하고 뜨거워야 일을 할 수 있는 것은?

🐛남의 이름을 거꾸로만 쓰는 사람은?

🐛'웃으면서 인사하다'를 세 글자로 하면?

🐛북은 북인데 소리가 열리 않는 북은?

미스터 Dog

찰칵

찰칵

찰칵

털실 파는 사람 독감 돈 다리미 도장 파는 사람 하이킥 거북

먼 산 보고 절하는 것은?

남을 등지고 도망가야 이기는 것은?

부자가 되기 틀린 집은?

장사꾼보다 농사꾼이 더 잘 팔 수 있는 것은?

'문 두드린 여자'를 다른 말로 하면?

타고 있는데도 타지 않는 것은?

변호사, 검사, 판사 중에 누가 제일 큰 모자를 쓸까요?

디딜방아 달리기 딸만 있는 집 땅 똑똑한 여자
말 탄 사람 머리 큰 사람

어린이
수수께끼 나라

재판 1쇄 2018년 3월 1일

글 편집부

펴낸이 서영희 | **펴낸곳** 와이 앤 엠

편집 임명아

본문인쇄 신화 인쇄 | **제책** 일진 제책

제작 이윤식 | **마케팅** 강성태

주소 120-100 서울시 서대문구 홍은동 376-28

전화 (02)308-3891 | Fax (02)308-3892

E-mail yam3891@naver.com

등록 2007년 8월 29일 제312-2007-00004호

ISBN 978-89-93557-58-9   63710

본사는 출판물 윤리강령을 준수합니다.